FICHA CATALOGRÁFICA

(Preparada na Editora)

Baduy Filho, Antônio, 1943-

B129v   *Vivendo a Mediunidade* / Antônio Baduy Filho, Espírito André Luiz. Araras, SP, 1ª edição, 2023.

304 p.:

ISBN 978-65-86112-35-1

1. Espiritismo. 2. Psicografia - Mensagens I. André Luiz. II. Título.

CDD -133.9
-133.91

Índices para catálogo sistemático:

1. Espiritismo 133.9
2. Psicografia: Mensagens: Espiritismo 133.91

VIVENDO A MEDIUNIDADE

REFLEXÕES AO ESTUDO DE "O LIVRO DOS MÉDIUNS"

ISBN 978-65-86112-35-1
1ª edição - maio/2023

Copyright © 2023,
Instituto de Difusão Espírita - IDE

Conselho Editorial:
Doralice Scanavini Volk
Wilson Frungilo Júnior

Produção e Coordenação:
Jairo Lorenzeti

Revisão de texto:
Mariana Frungilo Paraluppi

Capa:
Samuel Ferrari Carminatti

Diagramação:
Maria Isabel Estéfano Rissi

Parceiro de distribuição:
Instituto Beneficente Boa Nova
Fone: (17) 3531-4444
www.boanova.net
boanova@boanova.net

INSTITUTO DE DIFUSÃO ESPÍRITA - IDE
Rua Emílio Ferreira, 177 - Centro
CEP 13600-092 - Araras/SP - Brasil
Fones (19) 3543-2400 e 3541-5215
CNPJ 44.220.101/0001-43
Inscrição Estadual 182.010.405.118
www.ideeditora.com.br
editorial@ideeditora.com.br

Todos os direitos reservados. Nenhuma parte desta publicação pode ser reproduzida, armazenada ou transmitida, total ou parcialmente, por quaisquer métodos ou processos, sem autorização do detentor do copyright.

ANTÔNIO BADUY FILHO

ESPÍRITO ANDRÉ LUIZ

VIVENDO A MEDIUNIDADE

REFLEXÕES AO ESTUDO DE "O LIVRO DOS MÉDIUNS"

SUMÁRIO

O Livros dos Médiuns - André Luiz 13

PRIMEIRA PARTE / *Noções preliminares*

I - *Há Espíritos?*

1 - Ele existe 16
2 - É também 18
3 - Qualquer meio 20

II - *O maravilhoso e o sobrenatural*

4 - Maravilhoso 23
5 - Sobrenatural 25

III - *Método*

6 - Ensino do Espiritismo 28
7 - Maior argumento 30
8 - Crédito 32
9 - Espírita 34

IV - *Sistemas*

10 - Vida espiritual 37
11 - É intermediário 39
12 - Não é ele 41

SEGUNDA PARTE / *Das manifestações espíritas*

I - *Ação dos Espíritos sobre a matéria*

13 - Ele tem 44
14 - Também é 46

II - Manifestações físicas – Mesas girantes

15 - Manifestação física...................................... 49

III - Manifestações inteligentes

16 - Manifestação inteligente........................... 52

IV - Teoria das manifestações físicas

17 - Controle remoto.. 55
18 - É o perispírito... 57
19 - Fluido animalizado 59
20 - Antes, porém 61

V - Manifestações físicas espontâneas

21 - Ruídos... 64
22 - Barulho.. 66
23 - Pancadas... 68
24 - Objetos.. 70
25 - Transporte... 72
26 - Entrega.. 74

VI - Manifestações visuais

27 - Manifestações visuais 77
28 - Intenções diversas 79
29 - Identificação 81
30 - Fisionomia... 83
31 - Vidência 85
32 - Às vezes.. 87
33 - Você pensa.. 89
34 - Não é alucinação...................................... 91

VII - Bicorporeidade e transfiguração

35 - Bicorporeidade... 94
36 - Transfiguração 96
37 - Agênere 98

VIII - Laboratório do mundo invisível

38 - Imitação espiritual.................................. 101
39 - Matéria universal.................................... 103
40 - Fluxo magnético 105

IX - Dos lugares assombrados

41 - Observe 108

X - Natureza das comunicações

42 - Comunicadores 111

XI - Sematologia e tiptologia

43 - Sinais e pancadas 114

XII - Pneumatografia ou escrita direta – Pneumatofonia

44 - O que acontece 117

XIII - Psicografia

45 - Psicografia 120

XIV - Dos médiuns

46 - Médium e sintonia 123
47 - Efeitos físicos 125
48 - Médium sensitivo 127
49 - Médium audiente 129
50 - Médium falante 131
51 - Médium vidente 133
52 - Médium sonambúlico 135
53 - Dom de curar 137
54 - Médium pneumatógrafo 139

XV - Médiuns escreventes ou psicógrafos

55 - Médium escrevente 142

XVI - Médiuns especiais

56 - Médium especial 145
57 - Efeitos diferentes 147
58 - Variedades 149

XVII - Formação dos médiuns

59 - Desenvolvimento 152
60 - Perda e suspensão 154

XVIII - *Inconvenientes e perigos da mediunidade*

61 - Perigos e inconvenientes 157
62 - Avaliação 159

XIX - *Papel do médium nas comunicações espíritas*

63 - Transmissão mediúnica 162
64 - Sendo médium.................................... 164
65 - Recursos próprios................................ 166
66 - Espírito e médium 168

XX - *Influência moral do médium*

67 - Não é conveniente................................ 171
68 - É de confiança 173

XXI - *Influência do meio*

69 - Influência do meio 176
70 - Ambiente espiritual............................... 178

XXII - *Da mediunidade entre os animais*

71 - Sobre mediunidade............................... 181

XXIII - *Da obsessão*

72 - Obsessão simples 184
73 - É fascinação 186
74 - Subjugação... 188
75 - Causas 190
76 - Efeitos 192

XXIV - *Identidade dos Espíritos*

77 - Identidade do Espírito........................... 195
78 - Análise lúcida 197
79 - Você conhece 199

XXV - *Das evocações*

80 - Evocação 202
81 - Você chama 204
82 - Acontece ou não 206

XXVI - *Perguntas que se podem dirigir aos Espíritos*

83 - Na consulta espiritual............................ 209
84 - Contato espiritual................................. 211

XXVII - *Das contradições e das mistificações*

85 - Suas contradições 214
86 - É mistificação...................................... 216

XXVIII - *Charlatanismo e prestidigitação*

87 - Médiuns interesseiros........................... 219
88 - É fraude 221

XXIX - *Reuniões e Sociedades Espíritas*

89 - Reunião mediúnica................................ 224
90 - Na reunião... 226
91 - Reunião de estudo 228

XXX - *Regulamento da Sociedade Parisiense de Estudos Espíritas*

92 - Regulamento íntimo............................... 231

XXI - *Dissertações Espíritas*

93 - Edifício do bem 234
94 - É caminho... 236
95 - Mais atenção 238
96 - Alerta 240
97 - Agradeça.. 242
98 - Seja prudente...................................... 244
99 - Ataque... 246
100 - Seja firme.. 248
101 - Sabes 250
102 - Não percebe....................................... 252
103 - Como convém...................................... 254
104 - Não é mais... 256
105 - Atitude tolerante.................................. 258
106 - Ao próximo 260
107 - Fatos.. 262
108 - Entidade espírita 264
109 - Vencer.. 266

110 - Conhecimento espírita 268
111 - Tenha firmeza 270
112 - Somente união 272
113 - Seja fiel 274
114 - Momento difícil 276
115 - Com bom senso 278
116 - Qualidade da presença 280
117 - É motivo 282
118 - Discórdia 284
119 - Você já sabe 286
120 - Notícias falsas 288
121 - Mensagem mediúnica 290
122 - Também existem 292
123 - Você analisa 294
124 - É a mesma 296
125 - Essência 298

O livro dos médiuns

Allan Kardec expõe, nas páginas desta importante obra, o conhecimento possível a respeito da comunicação mediúnica.

Traz ao nosso entendimento as maneiras pelas quais o mundo espiritual pode se fazer entendido em suas manifestações.

Relata as possibilidades e também as dificuldades que surgem nos momentos da transmissão de conhecimentos e notícias.

É importante, pois, a leitura e o estudo destas magníficas páginas. Convido você, amigo leitor, a nos acompanhar nessa trajetória.

ANDRÉ LUIZ

Ituiutaba, 21 de março de 2020

Primeira parte / *Noções preliminares*

Capítulo I

Há Espíritos?

1

Ele existe

Primeira Parte
Cap. I – 1, 2 e 4

Observe até onde vai seu conhecimento.

O perfume.
Está no frasco.
Você enxerga a substância.
Não sente a fragrância, mas ela existe.

A fruta.
Está no galho.
Você enxerga a polpa.
Não conhece o sabor, mas ele existe.

O açúcar.
Está na embalagem.

Você enxerga os cristais.
Não percebe a doçura, mas ela existe.

Assim ocorre também em outra circunstância.
A vida.
Está no corpo.
Você enxerga a matéria.
Não vê o Espírito, mas ele existe.

2

É TAMBÉM

Primeira Parte
Cap. I – 3

Veja o que acontece no dia a dia.

O sol.
Emite raios.
Você não pode pegá-los.
Mas sente seus efeitos na luz e no calor.

O ar.
Faz movimentos.
Você não pode apalpá-los.
Mas sente seus efeitos na brisa e no tufão.

O som.
Tem vibrações.

Você não pode tocá-las.
Mas sente seus efeitos na melodia e no ruído.

Isto é assim também.

O Espírito.
Está no corpo.
Você não pode vê-lo.
Mas ele é a manifestação da vida.

3

Qualquer meio

Primeira Parte
Cap. I – 5 e 6

Comunicações podem ocorrer em qualquer meio.

No espaço.
A nave está em órbita.
O astronauta quer se comunicar.
E, através de ondas específicas, envia a pesquisa.

No ar.
O avião está em voo.
O piloto precisa se comunicar.
E, através de ondas de rádio, envia os dados.

Na água.
O submarino está em missão.

O comandante necessita se comunicar.

E, através de ondas secretas, envia o resultado.

É o que acontece com o Espírito. Ele está em outra dimensão. Deseja se comunicar. E, através de ondas mentais, envia o recado.

CAPÍTULO II

O maravilhoso e o sobrenatural

4

MARAVILHOSO

Primeira Parte
Cap. II – 7 a 17

Você nega o que diz a revelação espírita, mas aceita outras propostas.

❧

Nega que o Espírito endividado possa reparar os erros cometidos, mas aceita as caldeiras ferventes do inferno.

Nega que o Espírito possa evoluir, em busca do aperfeiçoamento íntimo, mas aceita a contemplação ociosa no Paraíso.

Nega que o Espírito possa renascer em várias vidas, mas aceita que, um dia, o corpo morto será ressuscitado.

Nega que o Espírito atrasado possa influenciar e provocar o mal, mas aceita que os demônios existem e atormentam.

Nega que o Espírito mais evoluído possa se manifestar e ajudar alguém, mas aceita a existência dos santos, aos quais pede ajuda.

O que realmente acontece é que, com o desejo de contestar a verdade espiritual, você nega a realidade do Espiritismo e aceita a fantasia do maravilhoso.

5

SOBRENATURAL

Primeira Parte
Cap. II – 7 a 17

Você não aceita o que é real.

⚜

Na saúde.
Faz a consulta.
Passa por diversos exames.
Precisa de tratamento rigoroso.
O médico recomenda e você diz que é exagero.

Na estrada.
Dirige o carro.
Acelera em excesso.
Comete várias imprudências.
As placas orientam e você diz que é tolice.

Na vida.
É bem inquieto.
Vai a festanças diárias.
Desgasta as próprias energias.
Alguém aconselha o certo e você diz que é asneira.

A situação se repete no Espiritismo. Manifestações acontecem. Experiências comprovam. O Espírito é realidade. E você diz que é sobrenatural.

CAPÍTULO III

Método

6

Ensino do espiritismo

Primeira Parte
Cap. III – 18 e 19

Ensine o que é o Espiritismo em seus fundamentos.

❧

É Ciência.
Obedece a leis.
Faz experimentações idôneas.
E comprova a realidade da vida espiritual.

É Filosofia.
Respeita a lógica.
Raciocina com as vidas sucessivas.
E explica as anomalias da existência física.

É Religião.
Apoia-se no Evangelho.

Edifica o alicerce na moral cristã.

E liga os princípios doutrinários à conduta no bem.

❧

É preciso que o espírita entenda que a melhor maneira de ensinar o Espiritismo é deixar de lado as ideias pessoais e expor com respeito o que diz a Codificação Kardequiana.

7

Maior argumento

Primeira Parte
Cap. III – 20 a 22

Viva de acordo com o ensinamento espírita.

Egoísmo?
Abandone.

Caridade?
Adote.

Orgulho?
Deixe.

Humildade?
Abrace.

Vaidade?
Largue.

Modéstia?
Assuma.

Vingança?
Renuncie.

Perdão?
Exerça.

Ódio?
Rejeite.

Amor?
Conquiste.

 Diante de qualquer materialista, esteja certo de que o maior argumento em favor do Espiritismo é seu exemplo de vida.

8

CRÉDITO

Primeira Parte
Cap. III – 23 a 27

Acredite no bem.

Na caridade.
Que salva.

Na fé.
Que sustenta.

No perdão.
Que alivia.

Na humildade.
Que aproxima.

Na paciência.
Que aconchega.

Na tolerância.
Que entende.

Na bondade.
Que socorre.

No amor.
Que sublima.

⚜

Qualquer que seja sua experiência de vida, acredite no bem para que o bem seja seu crédito perante a Lei Divina.

9

Espírita

Primeira parte
Cap. III – 28 a 35

Examine em que circunstância você se encontra como espírita.

Curioso.
Aceita o Espiritismo.
Mas só se interessa pelo fenômeno.

Intelectual.
Conhece o Espiritismo.
Mas só se interessa pela cultura.

Social.
Estuda o Espiritismo.
Mas só se interessa pelos eventos.

Exaltado.
Ensina o Espiritismo.
Mas só se interessa por polêmica.

Comodista.
Admira o Espiritismo.
Mas só se interessa por si mesmo.

Contudo, o espírita autêntico é aquele que busca a transformação moral e o Evangelho de Jesus, dedica-se ao conhecimento doutrinário e cultiva o amor ao próximo, fazendo da caridade seu objetivo de vida. É o espírita verdadeiro, o espírita cristão.

CAPÍTULO IV

Sistemas

10

VIDA ESPIRITUAL

Primeira Parte
Cap. IV – 36 a 43

Não duvide da vida espiritual e entenda o que nela existe.

❧

Existe a verdade.
Alguém se manifesta.
Para revelar o necessário.

Existe a bondade.
Alguém se manifesta.
Para externar a consolação.

Existe a ignorância.
Alguém se manifesta.
Para expor o que não sabe.

Existe a diversão.
Alguém se manifesta.
Para prometer o impossível.

Existe a maldade.
Alguém se manifesta.
Para ameaçar com vingança.

Vê-se, pois, que o mundo espiritual é tão heterogêneo quanto o mundo físico que você conhece. Assim, use o bom senso e, em vez de negá-lo, saiba compreendê-lo.

11

É INTERMEDIÁRIO

Primeira Parte
Cap. IV – 44 a 49

A opinião de alguém chega a todos por meio de um intermediário.

❧

O repórter.
Fala com o cientista.
Faz e publica a reportagem.
E a teoria do cientista chega a todos.

O secretário.
Representa o chefe.
Dá entrevista a jornalistas.
E o pensamento do chefe chega a todos.

O Juiz.
Preside o julgamento.

Ouve o conselho de sentença.

E a decisão dos jurados chega a todos.

O mesmo acontece no Espiritismo. O médium é intermediário. Recebe o Espírito. E a mensagem espiritual chega a todos.

12

NÃO É ELE

Primeira Parte
Cap. IV – 50 e 51

Não confunda o essencial com o secundário.

O corpo.
Tem a vida.
Guarda em si a alma.
E a roupa que usa não é ele.

O fruto.
Tem a polpa.
Guarda em si a semente.
E a casca que existe não é ele.

O prédio.
Tem estrutura.

Guarda em si o morador.

E o muro que o cerca não é ele.

Isto se dá com o Espírito. Tem o princípio inteligente. Guarda em si a imortalidade. E o perispírito que o envolve não é ele.

SEGUNDA PARTE / *Das manifestações espíritas*

CAPÍTULO I

Ação dos Espíritos sobre a matéria

13

Ele tem

Segunda Parte
Cap. I – 52 e 53

Você sempre tem algum meio de comunicação.

O Rádio.
Usa o microfone.
Dá a notícia em detalhes.
E a notícia atinge o público todo.

O Telefone.
Escolhe o número.
Transmite a conversa.
E a conversa atinge o ouvinte certo.

O Computador.
Seleciona o endereço.

Envia dados que interessam.

E os dados atingem o alvo escolhido.

❧

É assim também com o Espírito. Ele tem seu meio. Busca o médium. Por seu intermédio, age. E sua ação atinge a finalidade desejada.

14

Também é

Segunda parte
Cap. I – 54 a 59

O corpo, em suas manifestações, tem intermediários.

Tem nervo.
Conduz sensações.
E assim pode sentir e atuar.

Tem ouvido.
Recebe vibrações.
E assim pode ouvir e saber.

Tem voz.
Emite sons.
E assim pode falar e cantar.

Tem músculo.

Causa estímulos.

E assim pode relaxar e mover.

※

O perispírito também é intermediário. Capta e transmite impulsos. E, por ele, o Espírito pode se manifestar, expor sua opinião e agir sobre a matéria.

CAPÍTULO II

Manifestações físicas
– Mesas girantes

15

MANIFESTAÇÃO FÍSICA

Segunda Parte
Cap. II – 60 a 64

Na vida física, os elementos naturais são utilizados de maneira diversa.

❦

O ar.
Há a corrente ascendente.
E, por ele, o planador se sustenta nas alturas.

O calor.
Faz o aquecimento local.
E, por ele, o balão se liberta do chão e sobe.

O combustível.
Vai acionar o motor.
E, por ele, o aeroplano se dirige para o alto.

O vapor.

Resulta da água aquecida.

E, por ele, a máquina enorme se movimenta.

Acontece o mesmo na vida espiritual. Existe o fluido universal. O Espírito manipula a substância mediúnica. E o objeto pesado se desloca e levanta.

CAPÍTULO III

Manifestações inteligentes

16

Manifestação inteligente

Segunda Parte
Cap. III – 65 a 71

Um objeto inanimado só atua pela vontade de alguém.

O martelo.
Faz o serviço.
Se alguém o manuseia.

O lápis.
Escreve a página.
Se alguém o movimenta.

O apito.
Revela o som.
Se alguém lhe dá o sopro.

O piano.
Libera a melodia.
Se alguém toca as teclas.

＊

Por meio da mediunidade, a situação não é diferente, pois, pela vontade de um Espírito, o objeto inanimado pode se deslocar, levantar, girar e, utilizando-se de pancadas, dar respostas inteligentes.

CAPÍTULO IV

Teoria das manifestações físicas

17

CONTROLE REMOTO

Segunda Parte
Cap. IV – 72 a 81

O controle remoto age conforme a vontade de alguém.

❖

No som.
Liga e desliga, conforme a conveniência.

Na televisão.
Seleciona imagens, conforme o desejo.

No veículo.
Libera e tranca, conforme a ocasião.

No brinquedo.
Ativa e funciona, conforme a vontade.

No aeromodelo.
Voa e manobra, conforme o comando.

No portão eletrônico.
Abre e fecha, conforme a necessidade.

É assim que ocorrem as manifestações físicas. O Espírito combina o fluido universal do perispírito com o fluido próprio do médium, e é seu pensamento que, sensibilizando o objeto inanimado, à semelhança do que faz o controle remoto, movimenta o objeto.

18

É O PERISPÍRITO

Segunda Parte
Cap. IV – 74, IX

Em determinada atividade na vida física, é necessária a presença de um intermediário para que ela se concretize.

❦

Mergulhador.
Usa o escafandro.
É o intermediário adequado.
Permite explorar as águas profundas.

Bombeiro.
Usa traje específico.
É o intermediário defensivo.
Permite agir entre as labaredas de fogo.

Pesquisador.
Usa uniforme próprio.
É o intermediário que protege.
Permite lidar com bactérias perigosas.

É assim também na vida espiritual. O Espírito de natureza etérea necessita de um intermediário semimaterial para atuar sobre a matéria grosseira. É o perispírito.

19

FLUIDO ANIMALIZADO

Segunda Parte
Cap. IV – 74, XIV

Substâncias animalizadas são úteis na vida física.

❧

Soro antiofídico.
A origem é o veneno de cobra.
O procedimento é a presença em sangue de animal.
O resultado é o soro animalizado que combate o veneno.

Soro antitetânico.
A origem é a bactéria do tétano.
O procedimento é a presença em sangue de animal.
O resultado é o soro animalizado que combate a bactéria.

Soro antirrábico.
A origem é o vírus da raiva.
O procedimento é a presença em sangue de animal.
O resultado é o soro animalizado que combate o vírus.

A situação não é muito diferente quando uma entidade espiritual age sobre a matéria. A origem é o fluido universal do Espírito. O procedimento é a combinação com o fluido animalizado do médium. E o resultado é a provocação do fenômeno físico.

20

ANTES, PORÉM

Segunda Parte
Cap. IV – 75 a 81

Observe que, antes de um acontecimento importante, existe algo para chamar a atenção.

❧

Na escola.
A aula vai começar.
Antes, porém, a sirene avisa.

Na cerimônia.
Alguém vai discursar.
Antes, porém, a banda toca.

Na conferência.
O professor vai falar.
Antes, porém, o artista canta.

No noticiário.
O locutor vai informar.
Antes, porém, a música anuncia.

Aconteceu o mesmo com o Espiritismo. As manifestações inteligentes firmaram o conhecimento espiritual. Antes, porém, vieram os fenômenos físicos para chamar a atenção.

CAPÍTULO V

Manifestações físicas espontâneas

21

Ruídos

Segunda Parte
Cap. V – 82 a 95

Ruídos são frequentes na vida diária.

O mecânico.
Trabalha no torno.
Provoca o ruído característico
Usa sua vontade, mas o torno é o intermediário.

O folião.
Maneja a cuíca.
Provoca o ruído característico.
Usa sua vontade, mas a cuíca é a intermediária.

O músico.
Sopra o trombone.

Provoca o ruído característico.

Usa sua vontade, mas o trombone é o intermediário.

A situação se repete nas manifestações físicas espontâneas. O Espírito manipula o fluido universal próprio e o animalizado do médium. Provoca o ruído que deseja. Usa sua vontade, mas o médium é o intermediário.

22

Barulho

Segunda Parte
Cap. V – 82 a 95

Ruídos também acontecem na rotina das famílias.

O pai.
Está irritado.
Bate a porta.
E o barulho assusta.

O filho.
Ouve música.
O som é alto.
E o barulho incomoda.

A mãe.
Cuida da louça.

A travessa cai.
E o barulho assusta.

A serviçal.
Limpa a sala.
Malha o rodo.
E o barulho incomoda.

Da mesma forma, nas manifestações físicas espontâneas, algum Espírito provoca um ruído qualquer na casa, e o barulho assusta e incomoda a todos.

23

Pancadas

Segunda Parte
Cap. V – 82 a 95

Na atividade humana, existem pancadas com finalidade específica.

O carpinteiro.
Prega a madeira.
O martelo é o instrumento.
Mas a pancada só acontece por sua vontade.

O funileiro.
Desamassa o metal.
O martelo é o instrumento.
Mas a pancada só acontece por sua vontade.

O sapateiro.
Manuseia a sola.

O martelo é o instrumento.
Mas a pancada só acontece por sua vontade.

Na atividade espiritual, o processo é o mesmo. O Espírito planeja a manifestação. A combinação dos fluidos é o instrumento. Mas a pancada só acontece por sua vontade.

24

Objetos

Segunda Parte
Cap. V – 95, 12ª

Na atividade esportiva, o atleta também atira objetos.

Tiro ao alvo.
O objeto é a bala.
A arma é a intermediária.
Mas é a vontade do atleta que dispara a bala.

Arco e flecha.
O objeto é a flecha.
O arco é o intermediário.
Mas é a vontade do atleta que lança a flecha.

Basquete.
O objeto é a bola.

A cesta é a intermediária.

Mas é a vontade do atleta que arremessa a bola.

Na atividade espiritual, a situação se repete. O objeto é escolhido. A combinação fluídica é o elemento intermediário. Mas é a vontade do Espírito que atira o objeto.

25

Transporte

Segunda Parte
Cap. V – 96 a 98

Transporte é ocorrência comum na atividade diária.

No Correio.
A carta é postada.
Mistura-se às outras e desaparece.
Depois, reaparece no endereço indicado.

No Aeroporto.
O passageiro é embarcado.
Mistura-se aos outros e desaparece.
Depois, reaparece na hora do desembarque.

No Expresso.
A carga é despachada.

Mistura-se às outras e desaparece.
Depois, reaparece no destino já combinado.

O transporte também existe na atividade espiritual. Algo é escolhido e preparado. Mistura-se aos fluidos e desaparece. Depois, reaparece onde o Espírito deseja.

26

Entrega

Segunda Parte
Cap. V – 99

Cenas do cotidiano ajudam a entender o transporte espiritual.

Na floricultura.
O namorado envia flores.
O ramalhete é ornamentado.
O floricultor é apenas o intermediário.
E a entrega só acontece pela vontade do namorado.

Na farmácia.
O cliente pede o remédio.
O medicamento é manipulado.
O farmacêutico é apenas o intermediário.
E a entrega só acontece pela vontade do cliente.

Na confecção.
A senhora adquire o vestido.
A nova roupa é experimentada.
O estilista é apenas o intermediário.
E a entrega só acontece pela vontade da senhora.

No mundo espiritual é assim também. O objeto é escolhido e envolvido pela combinação dos fluidos perispiríticos e animalizados. O médium é apenas o intermediário. E o transporte só acontece pela vontade do Espírito.

CAPÍTULO VI

Manifestações visuais

27

MANIFESTAÇÕES VISUAIS

Segunda Parte
Cap. VI – 100 a 113

Manifestações visuais acontecem no mundo físico.

No cinema.
Imagens são exibidas.
Mas é o projetor que as envia para a tela.

Na televisão.
Imagens estão presentes.
Mas é o cabo que as conduz até o aparelho.

No celular.
Imagens surgem.
Mas são ondas elétricas que as permitem.

No vídeo.
Imagens se movimentam.
Mas é a substância do disco que as garantem.

Manifestações visuais do mundo espiritual também ocorrem. O Espírito aparece. Mas são os fluidos do perispírito que permitem a visualização de sua imagem.

28

INTENÇÕES DIVERSAS

Segunda Parte
Cap. VI – 100, 4ª a 6ª

Pessoas surgem em seu caminho com intenções diversas.

São amigáveis.
Mostram-se contentes.
E cumprimentam você com simpatia.

São perigosas.
Mostram-se assustadoras.
E assaltam você com ameaça e violência.

São sofredoras.
Mostram-se inquietas.
E pedem a você o auxílio de que precisam.

São maldosas.

Mostram-se intrigantes.

E contam a você o boato inconveniente.

Da mesma forma, o Espírito que lhe aparece tanto pode ser o que traz conforto, quanto aquele que vem para testar sua paciência.

29

IDENTIFICAÇÃO

Segunda Parte
Cap. VI – 100, 12ª

É frequente na vida comum a aparência como identificação.

No esporte.
O torcedor se apresenta.
Veste a camisa de seu time.
E assim dá testemunho de sua preferência.

No desfile.
A turma da música surge.
Traz nas fantasias as suas cores.
E assim dá testemunho de sua identidade.

Na escola.
O aluno está presente.

Usa o uniforme que a caracteriza.
E assim dá testemunho de seu colégio.

Na manifestação visual não é diferente. O Espírito pode mostrar sua imagem com a aparência que o observador vai identificar, conforme sua convicção religiosa. Se aparece com asas, então é anjo.

30

FISIONOMIA

Segunda Parte
Cap. VI – 100, 13ª e 14ª

Na vida física, cada um mostra a fisionomia que tem.

❦

É nervoso.
E se mostra exaltado.

É sério.
E se mostra prudente.

É falso.
E se mostra enganoso.

É zombeteiro.
E se mostra crítico.

É ignorante.
E se mostra indeciso.

É instruído.
E se mostra capaz.

É irônico.
E se mostra cáustico.

É autêntico.
E se mostra como é.

Dá-se o mesmo com o Espírito que lhe aparece e mostra a fisionomia que convém a ele no momento, a fim de ajudar ou aborrecer você.

31

VIDÊNCIA

Segunda Parte
Cap. VI – 102

Na rotina diária, figuras diversas cruzam seu caminho.

❦

O estranho.
Que simplesmente passa.

O conhecido
Que é sempre agradável.

O solidário.
Que tem boa presença.

O antipático.
Que perturba bastante.

O agressivo.
Que age com irritação.

O humilde.
Que transmite a calma.

O egoísta.
Que não liga ao outro.

O orgulhoso.
Que se mostra superior.

Tal situação se repete no mundo espiritual, razão pela qual é importante que você conquiste a virtude interior, a fim de que, acontecendo a vidência, ela seja de um Espírito comprometido com o bem.

32

ÀS VEZES

Segunda Parte
Cap. VI – 108

Você enxerga bem, mas às vezes se engana.

O passante.
Acha que é um parente seu.
Chama-o bem alto pelo nome.
E percebe que não se trata de quem imaginou.

O pássaro.
Acompanha-lhe o voo de longe.
Espera que pouse em galho próximo.
E percebe que não se trata de sua ave preferida.

O prédio.
Acha que é o endereço certo.

Aproxima-se mais até à sua entrada.

E percebe que não se trata do local procurado.

Na manifestação visual, são importantes o cuidado e a análise. Você vê a imagem. Acha que é um Espírito. Presta mais atenção. E, depois, percebe que se trata de engano.

33

Você pensa

Segunda Parte
Cap. VI – 109

Você pensa e faz.

Na literatura.
Pensa e escreve.

Na música.
Pensa e compõe.

Na atividade.
Pensa e exerce.

No esporte.
Pensa e realiza.

No lazer.
Pensa e escolhe.

Na fé.
Pensa e acredita.

Assim como o pensamento é o móvel de suas ações, entenda que o perispírito é o princípio das manifestações espirituais.

34

NÃO É ALUCINAÇÃO

Segunda Parte
Cap. VI – 111 a 113

Não confunda alucinação com engano.

Você olha a nuvem. Nota-lhe o movimento. Observa seus contornos. E acaba percebendo um rosto.
Não é alucinação, é engano.

Você olha a parede. Nota-lhe o revestimento. Observa os desenhos. E acaba percebendo uma figura.
Não é alucinação, é engano.

Você olha o que parece um conhecido. Nota-lhe

a aparência. Observa seus traços. E acaba percebendo que é outra pessoa.

Não é alucinação, é engano.

Tais situações ocorrem na vida diária, mas, quando o médium devidamente preparado tem a visão de um Espírito, pode ter a certeza de que não é alucinação, nem engano.

Capítulo VII

Bicorporeidade e transfiguração

35

BICORPOREIDADE

Segunda Parte
Cap. VII – 114 a 121

Muitas vezes, você pode estar em dois lugares ao mesmo tempo. Isto é recurso tecnológico.

    É ator.
    Faz cinema.
    Interpreta o personagem.
    Depois, você mesmo se vê na tela.

    É repórter.
    Faz o jornal.
    Aparece na reportagem.
    Depois, você mesmo se vê na gravação.

    É atleta.
    Faz esporte.

Disputa a competição.
Depois, você mesmo se vê no noticiário.

Outras vezes, porém, você pode estar em dois lugares ao mesmo tempo por circunstâncias diferentes. É quando seu Espírito se desprende do corpo material e se distancia dele, sendo reconhecido em lugar diverso. Isso é bicorporeidade.

36

Transfiguração

Segunda Parte
Cap. VII – 122 a 124

As feições se alteram de acordo com o sentimento que domina o Espírito.

Raiva?
São os lábios crispados.

Medo?
É o rosto contraído.

Dúvida?
São os olhos inquietos.

Tristeza?
É o olhar infeliz.

Desgosto?

É a expressão de dor.

Fracasso?

É o aspecto de revolta.

Alegria?

É o sorriso fácil.

Paz?

É a fisionomia calma.

⸎

Contudo, em outros momentos a aparência se altera com intensidade por influência do próprio perispírito ou de outro, de tal forma que as feições do corpo material mudam e cedem lugar ao fenômeno da transfiguração.

37

AGÊNERE

Segunda Parte
Cap. VII – 125

É comum você ver alguém conhecido na vida diária.

Está em casa. Descansa na varanda. Observa o movimento.
E, então, vê o conhecido passando na calçada.

Está no trânsito. Dirige com cuidado. Para diante do semáforo.
E, então, vê o conhecido atravessando a rua.

Está na loja. Procura o que deseja. Percorre o ambiente.

E, então, vê o conhecido entrando no recinto.

Tais situações são frequentes no dia a dia.

Entretanto, pode acontecer que você veja alguém conhecido, mas depois fique sabendo que, naquele momento, ele já havia morrido. Esse alguém era, pois, um agênere, isto é, um Espírito com aparência de corpo material.

CAPÍTULO VIII

Laboratório do mundo invisível

38

IMITAÇÃO ESPIRITUAL

Segunda Parte
Cap. VIII – 126 a 128

Na vida diária, as imitações ocorrem em certas circunstâncias.

❦

No filme.

A atriz é preparada. Recebe a maquiagem certa. Veste a roupa de época.

E o filme imita o tempo da ação.

Na novela.

O local é escolhido. Fachadas são construídas. Ruas e praças também.

E a novela imita o lugarejo do enredo.

No teatro.

O palco está pronto. Recintos são mobiliados. O cenário é organizado.

E o teatro imita o que existe na peça.

Isto também acontece quando o Espírito, desejando ser reconhecido por aqueles a quem aparece, busca na matéria cósmica os elementos com os quais forma a vestimenta e os adereços, imitando o que usava na existência física.

39

MATÉRIA UNIVERSAL

Segunda Parte
Cap. VIII – 129

A matéria é sempre utilizada para atingir um objetivo.

❧

O escultor.
Trabalha com a pedra e o cinzel.
E faz da matéria a escultura que deseja.

O oleiro.
Trabalha com o barro e as mãos.
E faz da matéria a cerâmica que imagina.

O pintor.
Trabalha com a tinta e o pincel.
E faz da matéria a imagem que idealiza.

O estilista.

Trabalha com o tecido e a tesoura.

E faz da matéria o modelo com que sonha.

Assim também acontece com o Espírito. Ele trabalha com os elementos ao seu alcance e faz da matéria universal a roupa que veste e o que traz consigo.

40

FLUXO MAGNÉTICO

Segunda Parte
Cap. VIII – 130 e 131

Na atividade de cada dia, você atua sobre a matéria, modificando-a na intimidade.

❦

Cozinha um tanto de grão.
E o grão se modifica,
no alimento macio.

Açucara um tanto de leite.
E o leite se modifica,
no doce cremoso.

Assa um tanto de farinha.
E a farinha se modifica,
no pão agradável.

Torra um tanto de café.
E o café se modifica,
na bebida estimulante.

Espreme um tanto de fruta.
E a fruta se modifica,
no suco ou na vitamina.

Manipula um tanto de água.
E a água se modifica,
no gelo ou no vapor.

  Da mesma forma, você pode atuar sobre a matéria elementar do organismo doente, e o organismo doente se modifica para melhor por intermédio do fluxo magnético do passe curador.

CAPÍTULO IX

Dos lugares assombrados

41

Observe

Segunda Parte
Cap. IX – 132

Observe o que acontece à sua volta.

O banco da praça está vago.
Ocupantes chegam.
Trocam palavras.
Mas nem por isso é mexerico.

A mesa do bar está disponível.
Amigos se reúnem.
Comentam a vida.
Mas nem por isso é intriga.

O ponto da prosa é na esquina.
Pessoas se falam.

Assunto variado.

Mas nem por isso é bisbilhotice.

❧

Isto que acontece com aqueles que ainda estão na vida física, ocorre também com os que já estão na vida espiritual. Espíritos frequentam a casa em abandono, mas nem por isso quer dizer que o lugar seja assombrado.

CAPÍTULO X

Natureza das comunicações

42

COMUNICADORES

Segunda Parte
Cap. X – 133 a 138

À semelhança do que ocorre no mundo espiritual, a vida física também está repleta de comunicadores.

❦

O vizinho.
Que fantasia as histórias.

O repórter.
Que exagera a notícia.

O humorista.
Que inventa situações.

O amigo.
Que conta vantagens.

O estranho.
Que espalha grosserias.

O romancista.
Que constrói a ficção.

O professor.
Que ensina a matéria.

O médico.
Que escreve a receita.

Em qualquer dimensão, espiritual ou física, são inúmeros os comunicadores, transmitindo ou vivenciando seu próprio interior. Diante disso, pergunte a si mesmo se, em suas comunicações, você tem sido sincero com o sentimento e honesto com a verdade.

CAPÍTULO XI

Sematologia e tiptologia

43

Sinais e pancadas

Segunda Parte
Cap. XI – 139 a 145

Sinais e pancadas são situações úteis em determinadas circunstâncias da vida física.

Na selva.
As tribos se comunicam.
E a batida do tambor envia a mensagem.

No mar.
Há náufragos à deriva.
E o foguete disparado aponta a localização.

Na esquina.
O semáforo existe.
E o farol colorido indica a decisão a tomar.

No trânsito.

O guarda está em serviço.

E o movimento dos braços sinaliza o caminho.

Não se surpreenda, pois, com o fato de os Espíritos terem utilizado sinais e pancadas para transmitir as primeiras informações sobre a vida espiritual, lembrando ainda que você mesmo bate à porta, que é pancada, ou toca a campainha, que é sinal, quando chega à casa que deseja visitar.

Capítulo XII

Pneumatografia ou escrita direta – Pneumatofonia

44

O QUE ACONTECE

Segunda Parte
Cap. XII – 146 a 151

No mundo físico, a Natureza produz fenômenos com recursos da matéria elementar.

Trovão.
O relâmpago desloca o vento.
E o que acontece é o som retumbante do trovão.

Cachoeira.
O rio se precipita das alturas.
E o que acontece é o murmúrio da cachoeira.

Lava.
O vulcão explode em erupções.
E o que acontece é a montanha coberta de lava.

Neve.

O vapor d'água se congela no ar.

E o que acontece é o solo visitado pela neve.

Da mesma forma, na dimensão espiritual, o Espírito produz fenômenos utilizando recursos materiais do elemento universal. E o que acontece é o som direto com vozes ou gritos e também a escrita direta com palavras ou textos, sem qualquer participação humana.

CAPÍTULO XIII

Psicografia

45

Psicografia

Segunda Parte
Cap. XIII – 152 a 158

Veja como certas coisas acontecem.

Impressora.
Você idealiza.
Digita o texto no computador.
E a impressora coloca no papel sua ideia.

Jornalista.
Você argumenta.
Dá a entrevista à imprensa.
E o jornalista coloca no papel seu argumento.

Aluno.
Você explica.

Ensina a lição durante a aula.
E o aluno coloca no papel sua explicação.

Na psicografia, acontece o mesmo. O Espírito pensa, argumenta, explica. E o médium coloca no papel, escrevendo.

CAPÍTULO XIV

Dos médiuns

46

Médium e sintonia

Segunda Parte
Cap. XIV – 159

Reconheça o médium sintonizado com o bem.

É autêntico.
Não se exibe.

É sincero.
Não mente.

É honesto.
Não engana.

É calmo.
Não se irrita.

É fraterno.
Não maltrata.

É simples.
Não se impõe.

É sereno.
Não se afoba.

É dedicado.
Não reclama.

O médium que está com Jesus age por amor ao próximo, razão pela qual não exige pagamento algum por aquilo que faz.

47

EFEITOS FÍSICOS

Segunda Parte
Cap. XIV – 160 a 163

Na vida corpórea, em determinadas situações, ocorrem efeitos físicos.

❦

Doação de sangue.

O doente tem anemia.

O doador cede seu próprio sangue.

E a transfusão no doente leva a efeitos físicos.

Doação de órgão.

O paciente corre risco.

O doador cede seu próprio órgão.

E o transplante no paciente leva a efeitos físicos.

Doação de medula.

A criança está em perigo.

O doador cede sua própria medula.

E a aplicação na criança leva a efeitos físicos.

No fenômeno mediúnico, a situação se repete. O Espírito deseja se manifestar. O médium cede seu fluido vital. E a combinação desse elemento animalizado com o fluido perispiritual permite a ocorrência de efeitos físicos.

48

MÉDIUM SENSITIVO

Segunda Parte
Cap. XIV – 164

Se você nota alguma dificuldade na presença espiritual, utilize a solução adequada.

Revolta?
É entendimento.

Aflição?
É serenidade.

Confusão?
É clareza.

Intolerância?
É paciência.

Angústia?
É calma.

Arrogância?
É modéstia.

Raiva?
É benevolência.

Descontrole?
É responsabilidade.

Se você é médium sensitivo, cuide de sua reforma moral, pois, ao perceber o humor do Espírito que se aproxima, talvez possa ajudá-lo.

49

MÉDIUM AUDIENTE

Segunda Parte
Cap. XIV – 165

Ouvir é situação rotineira na vida de todos os dias.

❦

O médico.
Ouve a queixa do paciente.

O professor.
Ouve a dúvida do aluno.

A mãe.
Ouve o lamento da filha.

O marido.
Ouve o pedido da esposa.

O amigo.
Ouve a conversa do outro.

O guarda.
Ouve a desculpa do infrator.

O estilista.
Ouve a exigência da cliente.

O réu.
Ouve a sentença do juiz.

Sendo médium audiente, você é acessível a conversas do mundo espiritual, mas, para que não ouça manifestações desagradáveis de algum Espírito inferior, é importante que se transforme moralmente e esteja no caminho do bem.

50

MÉDIUM FALANTE

Segunda Parte
Cap. XIV – 166

São comuns certos acontecimentos na vida diária.

❦

O locutor.
Relata a notícia do repórter.

A atriz.
Interpreta o enredo do novelista.

O cantor.
Canta a música do compositor.

A secretária.
Transmite o recado do chefe.

O auxiliar.

Comunica a ideia do governante.

❦

É o que acontece na mediunidade. O Espírito usa a fala do médium para dizer o que pensa.

51

MÉDIUM VIDENTE

Segunda Parte
Cap. XIV – 167 a 171

Na experiência diária, você encontra recursos para enxergar melhor.

❦

Com o microscópio.
Enxerga o muito pequeno.

Com os óculos.
Enxerga o perto e o longe.

Com o telescópio.
Enxerga o espaço cósmico.

Com o binóculo.
Enxerga o que está distante.

Com a lente.
Enxerga os mínimos detalhes.

Agora, para enxergar o que existe no mundo espiritual, é preciso que o recurso esteja em você. É a mediunidade.

52

Médium sonambúlico

Segunda Parte
Cap. XIV – 172 a 174

Em várias circunstâncias, você é ajudado por alguém para resolver problemas.

Vai ao Banco.
Procura o atendente.
Expõe suas dificuldades.
E o atendente dá a solução certa.

Vai ao Hospital.
Procura o recurso médico.
Expõe seus sintomas e suas queixas.
E o médico dá a medicação indicada.

Vai à Loja.
Procura o estilista.

Expõe a roupa que deseja.
E o estilista dá o modelo adequado.

O mesmo acontece com o médium sonambúlico. Ele vai ao mundo espiritual. Procura contato. Expõe a questão solicitada. E o Espírito dá a resposta conveniente.

53

DOM DE CURAR

Segunda Parte
Cap. XIV – 175 e 176

Observe como certos predicados aparecem espontaneamente.

❦

A flor.
Tem perfume.
E o perfume logo é sentido.

O pântano.
Tem impureza.
E a impureza logo é notada.

A planta.
Tem essência.
E a essência logo é observada.

O lixo.
Tem cheiro.
E o cheiro logo é percebido.

É a mesma coisa na mediunidade. O médium curador tem o dom de curar. E o dom de curar se manifesta espontaneamente, diante de alguém que precisa.

54

MÉDIUM PNEUMATÓGRAFO

Segunda Parte
Cap. XIV – 177

Em várias ocasiões, ocorrem fatos com a ausência do autor.

❦

O anunciante.
Usa o recurso da gravação.
Expõe a argumentação que deseja.
E o carro de som faz o anúncio, mas sem a sua presença.

O repórter.
Está longe de seu país.
Cobre o conflito em terra distante.
E o noticiário exibe sua voz, mas sem que ele apareça.

O internauta.

Lida com dados de computação.

Escreve texto a respeito de um assunto.

E a rede social divulga sua opinião, mas ele está ausente.

※

É assim com o médium pneumatógrafo. Ele possui tal mediunidade, que permite ao Espírito escrever direto, sem a sua participação. O médium está presente, mas é como se não estivesse.

Capítulo XV

Médiuns escreventes ou psicógrafos

55

Médium escrevente

Segunda Parte
Cap. XV – 178 a 184

Qualquer que seja sua mediunidade escrevente, não esqueça a reforma íntima.

Se você escreve

sobre o amor,
ame o próximo;

sobre a tolerância,
aceite a provação;

sobre a humildade,
fuja do orgulho;

sobre a modéstia,
afaste a vaidade;

sobre o perdão,
desculpe a ofensa;

sobre a caridade,
seja fraterno;

sobre a paciência,
mantenha a paz;

sobre a bondade,
pratique o bem.

Se escreve a mensagem espiritual sobre as lições do Evangelho, pode ter a certeza de que o recado é primeiro para você.

Capítulo **XVI**

Médiuns especiais

56

MÉDIUM ESPECIAL

Segunda Parte
Cap. XVI – 185 e 186

Especial é o médium que vive de acordo com o Evangelho.

❦

Com o bem.
E é benevolente.

Com a humildade.
E é humilde.

Com a modéstia.
E é simples.

Com a fé.
E é leal.

Com o amor.
E é sereno.

Com o perdão.
E é clemente.

Com a caridade.
E é solidário.

Com a misericórdia.
E é tolerante.

Em qualquer circunstância, o médium é sempre especial quando cumpre sua missão e segue os passos de Jesus.

57

Efeitos diferentes

Segunda Parte
Cap. XVI – 187

Você observa na vida diária acontecimentos com efeitos diferentes.

❧

O poeta.
Faz os versos.

O escultor.
Talha o mármore.

O engenheiro.
Desenha a planta.

O pedreiro.
Constrói o prédio.

O guarda.
Orienta o trânsito.

O motorista.
Dirige o veículo.

O escritor.
Imagina o livro.

O pintor.
Aplica as tintas.

Na mediunidade, também existem efeitos diferentes. Um médium provoca fenômenos com efeitos físicos, tais como pancadas e ruídos, ao passo que outro produz efeito intelectual, escrevendo o texto literário ou poético.

58

VARIEDADES

Segunda Parte
Cap. XVI – 188 a 199

Existem variedades de aptidões entre os médiuns.

❀

Os inconscientes.
E os voluntários.

Os tiptólogos.
E os extáticos.

Os pintores.
E os músicos.

Os polígrafos.
E os poliglotas.

Os poéticos.
E os literários.

Os científicos.
E os receitistas.

Os religiosos.
E os moralistas.

Os calmos.
E os convulsivos.

Os levianos.
E os sérios.

Os orgulhosos.
E os modestos.

Os indiferentes.
E os devotados.

O médium, com sua própria aptidão, é o responsável pelo contato entre a dimensão espiritual e o mundo físico, sabendo que sua atividade somente será correta e útil se estiver de acordo com as Leis Divinas.

Capítulo XVII

Formação dos médiuns

59

Desenvolvimento

Segunda Parte
Cap. XVII – 200 a 219

Qualquer atividade necessita de algum desenvolvimento.

O médico.
Tem o preparo.
Faz longo aprendizado.
E recebe a assistência de mestres competentes.

O engenheiro.
Frequenta o estudo.
Aprende cálculos e projetos.
E recebe a instrução de professores capazes.

O atleta.
Busca o treino.

Entrega-se aos exercícios.

E recebe a orientação de técnico experiente.

※

É o que se dá com alguém que se descobre médium. Precisa desenvolver a mediunidade com disciplina e responsabilidade e, ao exercê-la, recusar a intromissão dos Espíritos inferiores, pedindo a presença e a assistência dos Espíritos sérios e elevados.

60

PERDA E SUSPENSÃO

Segunda Parte
Cap. XVII – 220

Perda e suspensão de funções ocorrem na rotina diária.

❦

O advogado.
Comete imprudências.
Agride as leis e a honestidade.
E o Conselho a que pertence cancela sua licença.

O médico.
Trabalha muito.
Está com a saúde abalada.
E o Hospital o afasta para o tratamento necessário.

O professor.

Leciona bastante.

Atende a vários horários e turmas.

E a Escola o libera para a recuperação nas férias.

※

Na mediunidade, também ocorrem estas situações. Um médium que cumpre o dever com retidão pode ter sua função mediúnica suspensa temporariamente por decisão dos Espíritos, sem qualquer significado punitivo, mas aquele que usa a mediunidade para fins impróprios e dá oportunidade para a manifestação de Espíritos inferiores, este certamente poderá perdê-la.

CAPÍTULO XVIII

Inconvenientes e perigos da mediunidade

61

Perigos e inconvenientes

Segunda Parte
Cap. XVIII – 221

Perigos e inconvenientes ocorrem em certas atividades.

❧

O bombeiro.
Corre o perigo do incêndio.

O guarda.
É inconveniente, quando se distrai.

O médico.
Corre o perigo da infecção.

O motorista.
É inconveniente, quando abusa.

O atleta.
Corre o perigo do esforço.

O vendedor.
É inconveniente, quando explora.

Isso se repete na mediunidade. O médium corre o perigo da fadiga pelo exercício muito prolongado; e é inconveniente, quando se desvia do caminho do bem.

62

Avaliação

Segunda Parte
Cap. XVIII – 222

É importante a avaliação antes do exercício de uma atividade.

O motorista.
Já recebeu as aulas.
Solicita a licença para dirigir.
Antes, porém, tem de fazer o exame prático.

O piloto.
Aprendeu a voar.
Solicita cargo na empresa aérea.
Antes, porém, tem de fazer os testes necessários.

O médico.
Está diplomado.
Solicita autorização de especialista.
Antes, porém, tem de fazer prova da especialidade.

Diante da faculdade mediúnica não é diferente. O médium deve ser avaliado e só pode desenvolver a mediunidade se não tiver problemas psicológicos ou mentais.

Capítulo **XIX**

Papel do médium nas comunicações espíritas

63

Transmissão mediúnica

Segunda Parte
Cap. XIX – 223

Os intermediários aparecem em várias situações.

O recado.
Alguém quer avisar.
O amigo assume a incumbência.
E dá o recado de acordo com seu entendimento.

A melodia.
A série exige música.
O compositor prepara as partituras.
E outro toca a melodia de acordo com seu estilo.

A notícia.
A autoridade expõe.

O repórter ouve em longa entrevista.

E dá a notícia da fala de acordo com o que pensa.

A transmissão mediúnica é igual.

Pede-se a orientação. A entidade espiritual se manifesta. E o médium, que é o intermediário, transmite a mensagem de acordo com seu Espírito.

64

SENDO MÉDIUM

Segunda Parte
Cap. XIX – 223, 6ª e 7ª

Sendo médium, valorize seu aprimoramento íntimo.

Seja calmo.
Não se afobe.

Seja correto.
Não se descuide.

Seja prudente.
Não se precipite.

Seja simples.
Não se engrandeça.

Seja firme.
Não se entregue.

Seja ativo.
Não se encoste.

Seja honesto.
Não se engane.

Seja bom.
Não se irrite.

Seja o intérprete adequado ao ensinamento dos Espíritos que desejam o bem, mas tenha certeza de que isso só acontece se você estiver com Jesus.

65

Recursos próprios

Segunda Parte
Cap. XIX – 224 e 225

Os intermediários usam sempre os próprios meios no cumprimento da tarefa.

É o intérprete.
O estrangeiro discursa.
A fala é traduzida como convém.
E o intérprete traduz de acordo com a própria linguagem.

É o apresentador.
O programa acontece.
Instruções são repassadas a todos.
E o apresentador age de acordo com as próprias ideias.

É o árbitro.

O auxiliar indica a falta.

É confirmada pelo fone de ouvido.

E o árbitro decide de acordo com a própria experiência.

❧

A mediunidade não é diferente. O Espírito transmite a ideia e o médium a manifesta de acordo com os próprios recursos.

66

Espírito e médium

Segunda Parte
Cap. XIX – 225

Duas mentes podem se associar nos acontecimentos.

O ministro.
Atende o governante.
Que transmite a ele sua ideia do governo.

O secretário.
Atende o diretor.
Que transmite a ele sua ideia do serviço.

O enfermeiro.
Atende o médico.
Que transmite a ele sua ideia do trabalho.

O gerente.

Atende o empresário.

Que transmite a ele sua ideia da administração.

❧

A situação se repete na mediunidade. O Espírito transmite sua ideia ao Espírito do médium, e a comunicação acontece.

CAPÍTULO XX

Influência moral do médium

67

Não é conveniente

Segunda Parte
Cap. XX – 226 a 230

Existe alguém assim na vida diária.

É orgulhoso.
Não considera o outro.

É egoísta.
Só pensa em si mesmo.

É invejoso.
Não aceita o bem alheio.

É ciumento.
Não divide o que sente.

É ganancioso.
Busca apenas seu interesse.

É colérico.
Não controla a irritação.

É agressivo.
Não mede as palavras.

É indiferente.
Não expõe as emoções.

Se você conhece alguém assim na mediunidade, pode afirmar sem dúvida que este médium não é conveniente.

68

É DE CONFIANÇA

Segunda Parte
Cap. XX – 226 a 230

Existe, sim, aquele que se preocupa com a formação moral.

❧

É brando.
Não usa de agressividade.

É simples.
Não se engrandece.

É solidário.
Não evita o próximo.

É benevolente.
Não despreza a bondade.

É amorável.
Não recusa o perdão.

É correto.
Não cultiva enganos.

É calmo.
Não se entrega à irritação.

É desprendido.
Não se agarra à matéria.

Presente em várias circunstâncias, ele também existe na mediunidade e, quando se dedica a ela, é o médium de confiança.

CAPÍTULO XXI

Influência do meio

69

INFLUÊNCIA DO MEIO

Segunda Parte
Cap. XXI – 231 a 233

Em qualquer circunstância, a qualidade do meio depende de quem o frequenta.

O professor ensina.
O aluno aprende.
E o meio é de atenção.

O religioso prega.
Os fiéis ouvem.
E o meio é de respeito.

A dupla canta.
Os fãs gritam.
E o meio é de excitação.

O comediante representa.
O público se diverte.
E o meio é de alegria.

O doente melhora.
A família cuida.
E o meio é de esperança.

Na atividade mediúnica, é importante ressaltar que aqueles que procuram o médium sério formam, com certeza, um meio também sério.

70

Ambiente espiritual

Segunda Parte
Cap. XXI – 231 a 233

Siga as recomendações do Evangelho para que haja o bem com sua presença.

Seja calmo.
Para que haja paciência.

Seja benevolente.
Para que haja bondade.

Seja humilde.
Para que haja modéstia.

Seja indulgente.
Para que haja tolerância.

Seja fraterno.
Para que haja caridade.

Seja sério.
Para que haja confiança.

Seja honesto.
Para que haja respeito.

Seja bom.
Para que haja amor.

❧

Se você exerce a mediunidade e se comporta desta maneira, pode crer que o ambiente espiritual à sua volta é também digno e elevado.

CAPÍTULO XXII

Da mediunidade entre os animais

71

Sobre mediunidade

Segunda Parte
Cap. XXII – 234 a 236

Animais não têm mediunidade, mas vários deles mostram aptidões e sentimentos.

O cão é reconhecido.
E protege o dono.

O boi é serviçal.
E puxa o carro.

O pássaro é resignado.
E canta na gaiola.

O cavalo é inteligente.
E serve de montaria.

A abelha é disciplinada.
E produz o mel.

O jumento é teimoso.
E leva a carga.

O galo é imponente.
E canta na madrugada.

A cadela é amorosa.
E brinca com a criança.

A realidade é que só os humanos podem ser médiuns e, quando o são, muitos deles não usam suas aptidões para o bem, nem revelam sentimentos de amor.

Capítulo XXIII

Da obsessão

72

Obsessão simples

Segunda Parte
Cap. XXIII – 237 a 254

Influências negativas ocorrem em várias situações.

Na escola.
O aluno estuda.
O colega chega e perturba.
O aluno não apoia e o colega se afasta.

No esporte.
O atleta atua bem.
O adversário faz provocações.
O atleta não liga e o adversário desiste.

Na família.
A esposa trabalha.

O marido chega e inicia briga.

A esposa não discute e o marido se cala.

Tais episódios constituem a obsessão simples. Ela pode ocorrer na mediunidade, mas, se o médium estiver ligado ao trabalho no bem, o obsessor não terá vez.

73

É FASCINAÇÃO

Segunda Parte
Cap. XXIII – 237 a 254

É fascinação o que ocorre no dia a dia.

A moça namora.
O rapaz se aproveita.
Influencia o comportamento dela.
E ela fica fascinada pelo rapaz. E dependente.

O jovem faz amizade.
O amigo quer vantagem.
Domina o relacionamento entre eles.
E ele fica fascinado pelo amigo. E dependente.

A lojista se associa.
A sócia manifesta ambição.

Controla e favorece todos os negócios.

E ela fica fascinada pela sócia. E dependente.

❖

É o que acontece na mediunidade. O médium está ativo. O Espírito se apresenta. Provoca ilusões e enganos. E o médium fica fascinado pelo Espírito. E dependente.

74

SUBJUGAÇÃO

Segunda Parte
Cap. XXIII – 237 a 254

É possível perceber episódios de subjugação na convivência diária.

Na união.
O homem manda.
A mulher é frágil. E obedece.
É sempre submissa à opressão do homem.

No serviço.
O chefe ordena.
O serviçal é incapaz. E obedece.
É sempre submisso ao domínio do chefe.

No lar.
O pai exige.

O filho é instável. E obedece.
É sempre submisso à exigência do pai.

A subjugação é assim na mediunidade. O Espírito se impõe. O médium não reage e obedece. É sempre submisso ao jugo do Espírito.

75

Causas

Segunda Parte
Cap. XXIII – 237 a 254

Veja algumas causas de obsessão na vida material.

A inveja.
Existe o invejoso.
Que repara o sucesso de alguém.
E procura de alguma forma prejudicá-lo.

A vingança.
Existe o vingador.
Que se magoa com alguém.
E procura de alguma forma atacá-lo.

O interesse.
Existe o interesseiro.

Que vê a vantagem de alguém.
E procura de alguma forma explorá-lo.

A posse.
Existe o possessivo.
Que sabe da fraqueza de alguém.
E procura de alguma forma subjugá-lo.

Na mediunidade não é diferente. Existe o Espírito obsessor. Que conhece o médium. E procura de alguma forma obsediá-lo.

76

EFEITOS

Segunda Parte
Cap. XXIII – 237 a 254

Os efeitos da obsessão revelam bastante inconveniência.

É intromissão.
Que perturba.

É exigência.
Que incomoda.

É engano.
Que convence.

É ilusão.
Que controla.

É ação.
Que envolve.

É posse.
Que domina.

❦

A presença do obsessor é sempre motivo de transtorno, mesmo quando agrada o médium, como acontece na fascinação.

CAPÍTULO XXIV

Identidade dos Espíritos

77

Identidade do espírito

Segunda Parte
Cap. XXIV – 255 a 261

Na vida diária, a identidade de alguém passa por análise em algumas circunstâncias.

No Cartório.
Alguém negocia.
Assina termo de compromisso.
E o Cartório confirma ou não a assinatura.

No Hospital.
Alguém adoece.
Vai à consulta pelo convênio.
E o Hospital confirma ou não o documento.

No Banco.
Alguém compra.

Faz pagamento com cartão.

E o Banco confirma ou não a autenticidade.

Na comunicação mediúnica, a análise também é importante. Você usa o conhecimento, a razão e o bom senso para confirmar ou não a identidade do Espírito.

78

ANÁLISE LÚCIDA

Segunda Parte
Cap. XXIV – 262 a 266

Na rotina diária, você é levado a analisar com lucidez o que lê e ouve.

❧

O pedido.
Alguém explica por que pede.
Depois, você percebe que era mentira.

O bilhete.
Alguém quer apoio e escreve.
Depois, você percebe que era um jogo.

O telefone.
Alguém liga em aflição.
Depois, você percebe que era um golpe.

A rede social.
Alguém publica a notícia.
Depois, você percebe que era falsa.

Da mesma forma, é importante a análise lúcida da comunicação mediúnica. Isso acontece depois que o Espírito dita a mensagem ao médium e você percebe que não era autêntica.

79

VOCÊ CONHECE

Segunda Parte
Cap. XXIV – 267 e 268

Em algumas situações, você conhece a natureza boa ou má de alguém.

❧

Na gravação.
Há o telefonema.
Acontece o termo pejorativo.
E, pela gravação, você conhece a natureza má da pessoa.

No relatório.
O médico faz o laudo.
Escreve que o cliente é tolerante.
E, pelo relatório, você conhece a natureza boa do doente.

Na pesquisa.

Alguém se apresenta.

Fornece nome e endereço falsos.

E, pela pesquisa, você conhece a natureza má do falsário.

Na comunicação mediúnica, você também pode conhecer a natureza do Espírito, se elevado ou inferior, pela qualidade da mensagem que ele dita ao médium.

Capítulo XXV

Das evocações

80

EVOCAÇÃO

Segunda Parte
Cap. XXV – 269 a 281

Você usa o telefone como intermediário para suas consultas.

Está em dificuldade.
Liga para a casa bancária.
E o gerente da conta resolve a dificuldade.

Está com problema.
Liga para o órgão público.
E o funcionário soluciona o problema.

Está em dúvida.
Liga para quem informa.
E o informante ouve e elimina a dúvida.

Está com dor.

Liga pedindo socorro.

E a ambulância o leva para aliviar a dor.

É assim a evocação. O médium é o intermediário. E, por intermédio dele, você chama o Espírito com quem deseja se comunicar.

81

VOCÊ CHAMA

Segunda Parte
Cap. XXV – 282

Quando há dificuldade, você chama alguém para resolver.

   Se é risco de incêndio.
   É o bombeiro.

   Se é perda de água.
   É o encanador.

   Se é defeito do móvel.
   É o marceneiro.

   Se é falta de energia.
   É o eletricista.

Se é trinca na chave.
É o chaveiro.

Se é mancha no teto.
É o pintor.

Se é estrago no piso.
É o pedreiro.

❧

É o que existe na evocação. Você precisa de orientação e apoio, então chama o Benfeitor Espiritual e, quando ele atende, acontece o diálogo possível.

82

Acontece ou não

Segunda Parte
Cap. XXV – 283 a 285

Você usa o telefone para os contatos que deseja.

Com a família.
O contato se realiza.
E a conversa transcorre bem.

Com o amigo.
O contato é instável.
E a conversa se interrompe.

Com o médico.
O contato é difícil.
E a conversa é com atendente.

Com alguém.

O contato não acontece.

E a conversa fica impossível.

Na evocação de pessoas vivas ocorre o mesmo. Você chama, e o contato pode acontecer ou dar em nada.

Capítulo XXVI

Perguntas que se podem dirigir aos Espíritos

83

NA CONSULTA ESPIRITUAL

Segunda Parte
Cap. XXVI – 286 a 288

Na consulta espiritual, dialogue com seriedade.

❧

Seja sincero.
Não use de mentiras.

Seja humilde.
Não use de arrogância.

Seja leal.
Não use de falsidades.

Seja correto.
Não use de hipocrisia.

Seja ponderado.
Não use de exigências.

Seja honesto.
Não use de artimanhas.

Em qualquer circunstância, na consulta a um Espírito sério, seja franco e não use de artifícios.

84

CONTATO ESPIRITUAL

Segunda Parte
Cap. XXVI – 289 a 296

É importante você questionar as perguntas que faz ao mundo espiritual.

❦

Futuro?
É obra exclusivamente sua.

Existência passada?
O esquecimento é alívio.

Interesse pessoal?
Pense no bem do próximo.

Destino?
Depende sempre de você.

Saúde?
Controle os seus excessos.

Descoberta?
É o resultado da pesquisa.

Riqueza?
É consequência de trabalho.

Outros mundos?
Descubra seu mundo interior.

É possível que, no contato espiritual, você consiga algo sério de um Espírito sério, mas saiba também distinguir as respostas falsas dos Espíritos levianos.

Capítulo XXVII

Das contradições e das mistificações

85

Suas contradições

Segunda Parte
Cap. XXVII – 297 a 302

Muitas vezes, na convivência diária, você se contradiz em sua conduta.

Fala em perdão.
E age com desforra.

Fala em paciência.
E age com intolerância.

Fala em bondade.
E age com indiferença.

Fala em esperança.
E age com aflição.

Fala em fé.
E age com descrença.

Fala em paz.
E age com revolta.

Fala em calma.
E age com irritação.

Fala em amor.
E age com ódio.

Diante de suas contradições, é importante o esforço na transformação moral, a fim de que desapareçam essas atitudes que estão em desacordo com o que você pensa e fala.

86

É MISTIFICAÇÃO

Segunda Parte
Cap. XXVII – 303

Veja o que na vida diária é mistificação.

O telefone toca.
A voz se mostra aflita.
Revela que está sequestrada.
Logo, porém, descobre-se que é mentira.

O Banco avisa.
Quer a confirmação.
Existe cheque alto na conta.
Logo, porém, verifica-se que é falso.

A pessoa surge.
Diz ser da empresa.

Faz várias vendas e recebe.

Logo, porém, confirma-se que é golpe.

Assim como na vida material há os que enganam, também existem os Espíritos enganadores que se aproveitam dos incautos e são especialistas em mistificações.

Capítulo XXVIII

Charlatanismo e prestidigitação

87

Médiuns interesseiros

Segunda Parte
Cap. XXVIII – 304 a 313

Você sabe das artimanhas do dia a dia.

O vendedor.
Diz negociar qualidade.
Vende os produtos e cobra o valor.
Mas só entrega mercadoria desqualificada.

O informante.
Pede sigilo ao cliente.
Conhece a informação desejada.
Mas só vai revelar com boa recompensa.

O funcionário.
Faz atendimento público.

Elabora o documento pretendido.
Mas diz que fornece só depois da gorjeta.

É assim que acontece na vida diária, mas não é diferente entre os médiuns interesseiros que, embora tenham recebido a missão do bem desinteressado, só atendem em troca de pagamento.

88

É FRAUDE

Segunda Parte
Cap. XXVIII – 314 a 323

Fraudes acontecem na rotina diária.

O médico.
Chega à cidade.
Atende e cobra as consultas.
E, depois, fica-se sabendo que ele não é médico.

O mendigo.
Fala às pessoas.
Pede recursos para a família.
E, depois, fica-se sabendo que ele não é mendigo.

O solteiro.
Namora na praça.

Pede a moça em casamento.

E, depois, fica-se sabendo que ele não é solteiro.

Tal situação também ocorre quando alguém se apresenta como médium exigindo retribuição aos atendimentos e, depois, fica-se sabendo que ele não é médium. É fraude.

Capítulo XXIX

Reuniões e Sociedades Espíritas

89

Reunião mediúnica

Segunda Parte
Cap. XXIX – 324 a 333

Reuniões ocorrem de várias maneiras.

São sérias.
Quando há honestidade.

São levianas.
Quando há imprudência.

São festivas.
Quando há alegria.

São quietas.
Quando há tristeza.

São culturais.
Quando há instrução.

São decisivas.
Quando há soluções.

São solidárias.
Quando há fraternidade.

❧

Da mesma forma, a reunião mediúnica, dependendo do caráter do médium e de quem a frequenta, tanto pode ser um compromisso com o bem quanto um instrumento de interesses mundanos.

90

NA REUNIÃO

Segunda Parte
Cap. XXIX – 334 a 342

Presente à reunião, colabore com ela.

Evite barulho.
O silêncio é necessário.

Preste atenção.
A reunião é para estudo.

Desista do cochicho.
A conversa é incômoda.

Acompanhe a lição.
O assunto é importante.

Mantenha-se atento.
A distração é ausência.

Guarde o ensinamento.
É material para reflexão.

Se você frequenta a entidade espírita e participa das reuniões, pode estar certo de que sua presença tem a importância da seriedade de seus propósitos.

91

Reunião de estudo

Segunda Parte
Cap. XXIX – 343 a 350

Participe das reuniões e aumente seu conhecimento.

Na reencarnação.
A jornada de várias vidas.
O valor do aprendizado e o resgate.
E o esforço contínuo para chegar à perfeição.

Na mediunidade.
A certeza de sua existência.
A aplicação séria em trabalho honesto.
E o exercício sempre em benefício do próximo.

No Evangelho.
O sentido real das parábolas.

Os ensinamentos objetivos de Jesus.

E a convocação para o aperfeiçoamento íntimo.

❦

É importante sua presença nas reuniões de estudo, pois o aproveitamento doutrinário vai conduzi-lo à conquista da fraternidade e, ao mesmo tempo, afastá-lo de qualquer modelo de rivalidade.

CAPÍTULO XXX

Regulamento da Sociedade Parisiense de Estudos Espíritas

92

REGULAMENTO ÍNTIMO

Segunda parte
Cap. XXX

As reuniões têm seu regulamento a fim de que as regras sejam respeitadas. E você, como se comporta?

Calmo.
Ou agressivo.

Paciente.
Ou intolerante.

Solidário.
Ou egoísta.

Confiante.
Ou descrente.

Humilde.
Ou arrogante.

Pacífico.
Ou rebelde.

Benevolente.
Ou vingativo.

Amorável.
Ou rancoroso.

Em qualquer circunstância, tenha suas regras de conduta, mas saiba que o regulamento íntimo que convém é o Evangelho de Jesus.

CAPÍTULO XXXI

Dissertações Espíritas

93

Edifício do bem

Segunda Parte
Cap. XXXI – I

Construa na intimidade o edifício do bem.

Cálculo?
É a fé.

Projeto?
É a evolução.

Alicerce?
É a caridade.

Nível?
É o perdão.

Parede?
É a tolerância.

Piso?
É a paciência.

Laje?
É a esperança.

Cobertura?
É o amor.

Por meio da Doutrina Espírita, erga o edifício da renovação íntima, certo de que o fundamento de toda a transformação moral é o Evangelho de Jesus.

94

É CAMINHO

Segunda Parte
Cap. XXXI – II

Busque os recursos do Evangelho para sua renovação interior.

Amor?
Então, ame.

Perdão?
Então, perdoe.

Esperança?
Então, tenha.

Fé?
Então, creia.

Paciência?
Então, tolere.

Caridade?
Então, faça.

Conheça sua realidade espiritual, mantendo coragem e perseverança para superar as horas difíceis, na certeza de que o sofrimento hoje é caminho para a felicidade amanhã.

95

Mais atenção

Segunda Parte
Cap. XXXI – III

Você se preocupa com o corpo físico. E a alma?

Com o cabelo.
E a paciência?

Com os olhos.
E o amor?

Com o rosto.
E a humildade?

Com a pele.
E o perdão?

Com o cérebro.
E a fé?

Com exercícios.
E a caridade?

Com a saúde.
E o bem?

É claro que o corpo físico merece todo o seu cuidado, embora vá desaparecer um dia. E a alma, que vive para sempre, não merece mais atenção?

96

Alerta

Segunda Parte
Cap. XXXI – IV

A Doutrina Espírita faz a recomendação certa.

É perdão.
Não vingança.

É caridade.
Não egoísmo.

É fé.
Não dúvida.

É paz.
Não revolta.

É amor.
Não ódio.

É humildade.
Não orgulho.

É esperança.
Não desânimo.

A mensagem espiritual, inspirada no Evangelho de Jesus, é precioso alerta para que você não se esqueça da transformação moral.

97

AGRADEÇA

**Segunda Parte
Cap. XXXI – V**

Agradeça à Doutrina Espírita o que ela lhe ensina.

Que o Evangelho
é o alicerce.

Que a vida eterna
é real.

Que o Espírito
existe.

Que a reencarnação
acontece.

Que o progresso
é o objetivo.

Que o passado
retorna.

Que o presente
transforma.

Que o futuro
é o progresso.

Mostre sua gratidão ao Espiritismo sendo espírita autêntico, aquele que está com Jesus e reconhece que fora da caridade não há salvação.

98

Seja prudente

Segunda Parte
Cap. XXXI – VI

Divulgue o Espiritismo, mas seja prudente.

Seja amável.
Não se exalte.

Seja calmo.
Não se irrite.

Seja tolerante.
Não discuta.

Seja claro.
Não complique.

Seja leal.
Não invente.

Seja correto.
Não minta.

Seja modesto.
Não se ostente.

Em qualquer circunstância, ao argumentar com alguém a respeito da verdade espírita, lembre-se da caridade e não seja insistente.

99

Ataque

Segunda Parte
Cap. XXXI – VII

Defenda a Doutrina Espírita, mas tenha equilíbrio.

Não critique.
O respeito favorece.

Não se zangue.
A calma ajuda.

Não revide.
A tolerância ensina.

Não se exalte.
A razão controla.

Não ataque.
A sensatez explica.

Não se aflija.
O bom senso resolve.

Diante de qualquer ataque, esteja certo de que a melhor defesa do Espiritismo é sua conduta como espírita fiel aos ensinamentos doutrinários.

100

Seja firme

Segunda Parte
Cap. XXXI – VIII

Se você aceita o conhecimento espírita, seja firme quanto ao que sabe sobre a existência após a morte.

Vida espiritual.
É realidade.

Zona inferior.
Ela existe.

Cidade no Além.
Há convivência.

Benfeitor.
É Espírito bom.

Reencontros.
Eles acontecem.

Aprendizado.
É importante.

Reencarnação.
É necessária.

A ideia espírita é, muitas vezes, alvo de crítica e ironia, mas depende de você a firmeza quanto ao que pensa e conhece.

101

SABES

Segunda Parte
Cap. XXXI – IX

Trazes no coração a amargura da dor pela ausência da alma querida, esposa de tantos anos. Entretanto, sabes que a morte do corpo é o início de nova experiência na paisagem espiritual.

Choras a saudade do filho pequeno e amado, que a enfermidade dolorosa e incurável afastou de tua presença. Contudo, sabes que a Lei Divina é sábia e misericordiosa na passagem da vida para o mais além.

Sofres com angústia a falta do irmão dedicado e generoso, vítima do acidente inevitável e fatal. Todavia, sabes que os acontecimentos infelizes na existência física são consequências da Lei de Causa e Efeito.

Derramas copiosas lágrimas pela lembrança do marido bom, que o mal súbito separou de tua companhia. No entanto, sabes que a quebra da convivência a dois é provação que experimenta tua fé e confiança na Bondade Divina.

✤

Espírita, sabes que o Espiritismo explica a vida em ambas as dimensões, ensinando que o bem deve ultrapassar os limites estreitos da vivência familiar.

É importante, pois, que te dediques ao estudo da vida espiritual e cultives o amor ao próximo, conforme a exortação do Espírito de Verdade:

– Espíritas! Amai-vos, eis o primeiro ensino. Instruí-vos, eis o segundo.

102

NÃO PERCEBE

Segunda Parte
Cap. XXXI – X

No dia a dia, as situações acontecem, e você participa.

Ajuda o mendigo.
Que está com fome.

Conforta o amigo.
Que está doente.

Anima o familiar.
Que está abatido.

Esclarece o irmão.
Que está confuso.

Apoia o colega.
Que está inseguro.

Ampara o idoso.
Que está carente.

Atende o agressor.
Que está arrependido.

Em todas as circunstâncias, você decide socorrer alguém em dificuldade, mas não percebe que, nesse momento, está sendo médium do amor ao próximo.

103

Como convém

Segunda Parte
Cap. XXXI – XI

Se você é espírita e tem mediunidade, procure exercê-la como convém.

Com humildade.
Orgulho incomoda.

Com calma.
Irritação prejudica.

Com paciência.
Intolerância estorva.

Com franqueza.
Falsidade ilude.

Com fé.
Descrença atrapalha.

Com certeza.
Dúvida descontrola.

Com perseverança.
Desistência é fracasso.

Na Doutrina Espírita, a mediunidade é missão e deve ser exercida sempre de acordo com o Evangelho de Jesus.

104

NÃO É MAIS

Segunda Parte
Cap. XXXI – XII

Preste atenção a estes acontecimentos.

A fruta.
É de qualidade.
Está madura e sadia.
Mas, se apodrece, não é mais consumível.

O relógio.
É de qualidade.
Está certo e funciona.
Mas, se descontrolado, não é mais usável.

O remédio.
É de qualidade.

Está na dose certa.

Mas, se vence, a validade não é mais útil.

O médium também passa por esta situação. Ele é de qualidade. Tem preparo e trabalha. Mas, se deixa envolver-se pelo orgulho, não é mais confiável.

105

ATITUDE TOLERANTE

Segunda Parte
Cap. XXXI – XIII

Na atividade mediúnica, lembre-se da atitude tolerante.

A paz.
Que asserena.

A calma.
Que ampara.

A prudência.
Que espera.

A paciência.
Que instrui.

A disposição.
Que serve.

A clemência.
Que entende.

A fé.
Que abençoa.

❦

Faça o bem no exercício da mediunidade, mas não se esqueça da tolerância no momento difícil, a fim de que sua caridade seja sempre completa.

106

Ao próximo

Segunda Parte
Cap. XXXI – XIV

Exerça a mediunidade sem interesse pessoal.

Não cobre
pagamento.

Não exija
elogio.

Não peça
retribuição.

Não espere
gratidão.

Não aguarde
simpatia.

Não queira
publicidade.

Não faça
exigência.

O exercício mediúnico de acordo com o ensinamento espírita é a oportunidade de fazer o bem ao próximo, e não a si mesmo.

107

Fatos

Segunda Parte
Cap. XXXI – XV

Os fatos são conhecidos.

A cachoeira encanta.
Mas é a fonte que resolve a sede.

A floresta impressiona.
Mas é a horta que produz alimento.

O sol ilumina.
Mas é a lâmpada que ajuda na noite.

O livro é alta cultura.
Mas é a cartilha que ensina a ler.

O restaurante é célebre.
Mas é a cozinha que mantém a fama.

A escola é prestigiada.
Mas é o professor que instrui o aluno.

Na mediunidade ocorre o mesmo. Existe o médium conhecido e preparado que transmite a verdade espiritual, mas é o médium simples e anônimo que atende os aflitos de cada dia.

108

Entidade espírita

Segunda Parte
Cap. XXXI – XVI

Você se reúne em várias circunstâncias.

Na família.
E é amorável.

No trabalho.
E é leal.

Na escola.
E é justo.

No clube.
E é fraterno.

Na cerimônia.
E é solidário.

Na assembleia.
E é pacífico.

Da mesma forma, na instituição espírita, onde você se reúne em busca de orientação e notícias da vida espiritual, é importante pedir a proteção de Deus e ter sinceridade de propósitos, a fim de não dar oportunidade a Espíritos menos elevados.

109

Vencer

Segunda Parte
Cap. XXXI – XVII

Busque na mensagem espírita o conhecimento para a renovação íntima.

Vencer a intolerância.
E ser paciente.

Vencer o egoísmo.
E ser solidário.

Vencer o orgulho.
E ser humilde.

Vencer a descrença.
E ser confiante.

Vencer a ofensa.
E ser indulgente.

Vencer o ódio.
E ser amorável.

Vencer a indiferença.
E ser fraterno.

O Espiritismo traz de volta a moral cristã em sua origem, de tal forma que você possa vencer em si mesmo o engano do mal e ser a presença do bem.

110

CONHECIMENTO ESPÍRITA

Segunda Parte
Cap. XXXI – XVIII

Frequente a reunião mediúnica que respeita o conhecimento espírita.

❦

Que recusa
a diversão.

Que apoia
a seriedade.

Que aceita
o perdão.

Que indica
a caridade.

Que pede
a tolerância.

Que lembra
a paz.

Que aponta
a humildade.

Que exprime
o bem.

O exercício da mediunidade na reunião espírita não comporta divertimentos nem curiosidades, sendo o veículo para as comunicações sérias transmitidas por Espíritos sérios.

111

Tenha firmeza

Segunda Parte
Cap. XXXI – XIX

Seja firme no bem.

Na bondade.
Que ajuda.

Na paciência.
Que tolera.

No perdão.
Que esquece.

Na indulgência.
Que ameniza.

Na humildade.
Que aproxima.

Na fé.
Que fortalece.

No amor.
Que abençoa.

⚜

Tenha firmeza no conhecimento espírita e nas lições do Evangelho, a fim de que seu raciocínio seja claro e seu sentimento, puro.

112

Somente união

Segunda Parte
Cap. XXXI – XX

Se você frequenta a reunião espírita, veja como deve estar.

Esteja atento.
A atenção no estudo é importante.

Esteja calmo.
A ansiedade prejudica o aprendizado.

Esteja paciente.
A indulgência supera as diferenças.

Esteja confiante.
A tolerância facilita a convivência.

Esteja solidário.
O apoio aos orientadores fortalece.

Esteja fraterno.
A amizade aos companheiros coopera.

Esteja fiel.
A fidelidade a Kardec é insubstituível.

Estude a lição espírita e faça assistência aos necessitados no grupo a que você pertença, mas saiba que somente a união entre todos, em nome de Jesus, será a certeza da prática do bem.

113

SEJA FIEL

Segunda Parte
Cap. XXXI – XXI

Exercendo a mediunidade na reunião espírita, não deixe de atender quem lhe procure o apoio.

Ouça com atenção.
E responda.

Entenda com detalhe.
E ajude.

Converse com calma.
E explique.

Conforte com bondade.
E alivie.

Fale com paciência.
E aconselhe.

Argumente com a razão.
E esclareça.

✤

Seja sempre o médium fiel à verdade espírita e às lições do Evangelho, a fim de fazer ao próximo o bem que desejaria para si mesmo.

114

Momento difícil

Segunda Parte
Cap. XXXI – XXII

A benevolência é sempre importante no momento difícil.

Ofensa?
Esqueça e não devolva.

Desprezo?
Veja e não se afaste.

Crítica?
Ouça e não discuta.

Ironia?
Perceba e não se magoe.

Insulto?

Escute e não registre.

Antipatia?

Note e não se envolva.

Diante do próximo que agride, o uso da benevolência é o caminho para reconhecer que fora da caridade não há salvação.

115

Com bom senso

Segunda Parte
Cap. XXXI – XXIII

Durante a reunião mediúnica, comporte-se com bom senso.

Não converse.
Mantenha-se em silêncio.

Não graceje.
Cultive o respeito.

Não se irrite.
Mantenha-se em paz.

Não ironize.
Cultive a seriedade.

Não cochiche.
Mantenha-se quieto.

Não se distraia.
Cultive o recolhimento.

Não fantasie.
Mantenha-se em prece.

❦

Entenda que, conservando a postura de equilíbrio na reunião espírita, você ajuda o médium e evita a presença de Espíritos inconvenientes.

116

Qualidade da Presença

Segunda Parte
Cap. XXXI – XXIV

A qualidade da presença influi na reunião espírita.

Indiferença.
Não ajuda.

Vontade.
Favorece o estudo.

Ironia.
Não constrói.

Seriedade.
Edifica o conhecimento.

Crítica.
Não auxilia.

Interesse.
Enriquece o ambiente.

Dúvida.
Não apoia.

Certeza.
Fortalece o objetivo.

É importante, pois, que sua presença, em qualquer circunstância, esteja sempre revestida de fraternidade e desejo de aprender, a fim de que a reunião seja útil em sua finalidade.

117

É MOTIVO

Segunda Parte
Cap. XXXI – XXV

Você admira e elogia a mensagem mediúnica. E depois?

A reforma íntima.
Funciona?

A tolerância.
Melhora?

A paciência.
Aumenta?

A bondade.
Existe?

O perdão.
Aparece?

A caridade.
Atua?

A indulgência.
Ocorre?

O bem ao próximo.
Acontece?

❦

É importante que você aprecie a orientação espiritual, mas saiba que ela é, sobretudo, motivo para sua transformação moral.

118

Discórdia

Segunda Parte
Cap. XXXI – XXVI

Não permita que a discórdia em seu íntimo perturbe o desejo de união. Use o bem contra o mal.

A calma.
Contra a fúria.

O perdão.
Contra a ofensa.

A tolerância.
Contra a revolta.

A paciência.
Contra a irritação.

A modéstia.
Contra a arrogância.

A fé.
Contra a descrença.

A bondade.
Contra o egoísmo.

O amor.
Contra o ódio.

Em qualquer circunstância, use os recursos do Evangelho na convivência diária, a fim de que sua presença seja sempre exemplo de paz e conciliação.

119

Você já sabe

Segunda Parte
Cap. XXXI – XXVII

V ocê já sabe que eles existem na vida de todos os dias.

Os falsários.
Que lesam.

Os vaidosos.
Que impõem.

Os trapaceiros.
Que enganam.

Os mentirosos.
Que inventam.

Os medíocres.
Que elogiam.

Os tiranos.
Que dominam.

Os espertos.
Que fascinam.

Você já sabe também que todos eles, após a morte do corpo, continuam vivos, e isso explica por que existem Espíritos que mentem e tiranizam.

120

NOTÍCIAS FALSAS

Segunda Parte
Cap. XXXI – XXVII

Situações em clima de falsidade acontecem.

O estranho.
Dá o recado de alguém.
Provoca ansiedade e confusão.
E depois se descobre que o recado era falso.

O serviçal.
Leva o atestado de saúde.
O documento justifica a ausência.
E depois se descobre que o atestado era falso.

O suspeito.
Revela o episódio.

Declara momento repleto de fatos.

E depois se descobre que o episódio era falso.

⚜

Isso também pode acontecer na comunicação mediúnica. Há Espíritos menos elevados que dominam e enganam um médium e, por intermédio, transmitem notícias falsas.

121

Mensagem mediúnica

Segunda Parte
Cap. XXXI – XXVII

Você lida com diversas situações na vida diária.

Conta.
Você recebe.
Analisa o valor.
E só aceita se estiver correto.

Notícia.
Você ouve.
Analisa o fato.
E só aceita se for verdadeiro.

Livro.
Você lê.

Analisa o texto.

E só aceita se for autêntico.

Diante da mensagem mediúnica, comporte-se da mesma forma. Analise o conteúdo. Verifique se respeita a razão e o bom senso. E só aceite se estiver de acordo com a lógica do conhecimento espírita.

122

Também existem

Segunda Parte
Cap. XXXI – XXVIII

Você sabe que eles existem.

 O parente.
 É orgulhoso.
 Espalha conversas.
 E acaba desunindo os familiares.

 O chefe.
 É arrogante.
 Espalha preferências.
 E acaba desunindo os servidores.

 O colega.
 É insolente.

Espalha intrigas.

E acaba desunindo os amigos.

Saiba que eles também existem na dimensão espiritual. São Espíritos enganadores que fascinam médiuns invigilantes e, por meio deles, ditam teorias absurdas, as quais acabam desunindo companheiros dedicados ao conhecimento espírita.

123

Você analisa

Segunda Parte
Cap. XXXI – XXVIII

Na vida diária, você analisa as informações que recebe.

No livro.
A opinião do autor.
E analisa a lógica do argumento.

Na imprensa.
A notícia preocupante.
E analisa a realidade dos fatos.

Na escola.
A aula do professor.
E analisa o conteúdo da palestra.

Na cerimônia.

A fala do apresentador.

E analisa a sinceridade da palavra.

❖

Da mesma forma, diante da mensagem mediúnica, analise a informação que ela traz, a fim de saber se está de acordo com o que ensina a Codificação Kardequiana.

124

É A MESMA

Segunda Parte
Cap. XXXI – XXIX a XXXIV

Tais situações ocorrem na vida cotidiana.

O cheque.
Na rede comercial.
É recebido como pagamento.
E logo se revela que não é autêntico.

A opinião.
Na rede social.
É transmitida e compartilhada.
E logo se revela que não é autêntica.

O fato.
Na rede noticiosa.

É divulgado com insistência.

E logo se revela que não é autêntico.

⚜

Na mensagem mediúnica, a situação é a mesma. O médium recebe a comunicação e logo se revela que não é autêntica.

125

Essência

Segunda Parte
Cap. XXXI – XXIX a XXXIV

Você presta atenção no que lhe chega às mãos.

O documento.
É título de cobrança.
Solicita pagamento da compra.
E você só aceita se o preço estiver certo.

O livro.
É autor conhecido.
Discute tema controverso.
E você só aceita se a ideia estiver correta.

A fotografia.
É retrato de cerimônia.

Registra determinado momento.

E você só aceita se a foto estiver adequada.

✦

A situação não é diferente com a mensagem mediúnica, que você só deve aceitar se o conteúdo dela estiver de acordo com a essência da Codificação Espírita.

IDE | Conhecimento e educação espírita

No ano de 1963, Francisco Cândido Xavier ofereceu a um grupo de voluntários o entusiasmo e a tarefa de fundarem um periódico para divulgação do Espiritismo. Nascia, então, o Instituto de Difusão Espírita - IDE, cujos nome e sigla foram também sugeridos por ele.

Assim, com a ajuda de muitas pessoas e da espiritualidade, o Instituto de Difusão Espírita se tornou uma entidade de utilidade pública, assistencial e sem fins lucrativos, fiel à sua finalidade de divulgar a Doutrina Espírita, por meio de livros, estudos e auxílio (material e espiritual).

Tendo como foco principal as obras básicas de Allan Kardec, a preços populares, a IDE Editora possui cerca de 300 títulos, muitos psicografados por Chico Xavier, divulgando-os em todo o Brasil e em várias partes do mundo.

Além da editora, o Instituto de Difusão Espírita também se desenvolveu em outras frentes de trabalho, tanto voltadas à assistência e promoção social, como o acolhimento de pessoas em situação de rua (albergue), alimentação às famílias em momento de vulnerabilidade social, quanto aos trabalhos de evangelização infantil, mocidade espírita, artes, cursos doutrinários e assistência espiritual.

Ao adquirir um livro da IDE Editora, além de conhecer a Doutrina Espírita e aplicá-la em seu desenvolvimento espiritual, o leitor também estará colaborando com a divulgação do Evangelho do Cristo e com os trabalhos assistenciais do Instituto de Difusão Espírita.

www.idelivraria.com.br

Outras Obras

Espírito
André Luiz

Vivendo o Evangelho
(2 volumes)

Mensagens ilustrativas da obra **O Evangelho Segundo o Espiritismo**

ide

Outras Obras

Espírito André Luiz

Vivendo a Doutrina Espírita
(4 volumes)

Mensagens ilustrativas da obra **O Livro dos Espíritos**

ide

Outras Obras

Espírito André Luiz

Vivendo o Mais Além

Mensagens ilustrativas da obra **O Céu e o Inferno**

ide

idelivraria.com.br

Pratique o "Evangelho no Lar"

Aponte a câmera do celular e faça download do roteiro do **Evangelho no lar**

Ide editora é nome fantasia do Instituto de Difusão Espírita, entidade sem fins lucrativos.

◉ ideeditora   ƒ ide.editora   🐦 ideeditora

◀◀ DISTRIBUIÇÃO EXCLUSIVA ▶▶

📍
Av. Porto Ferreira, 1031 | Parque Iracema
CEP 15809-020 | Catanduva-SP
📞 17 3531.4444   🔵 17 99777.7413

◉ boanovaed
▶ boanovaeditora
ƒ boanovaed
🌐 www.boanova.net
✉ boanova@boanova.net

Fale pelo whatsapp

Acesse nossa loja